Olimpia Cavallo (Org.)

Pensamentos e palavras de
PAULO VI

Dados Internacionais de Catalogação na Publicação (CIP)
(Câmara Brasileira do Livro, SP, Brasil)

Pensamentos e palavras de Paulo VI / Olimpia Cavallo, (org.) ;
[tradução Leonilda Menossi]. – 1. ed. – São Paulo : Paulinas, 2014.

Título original: Pensieri e parole di Paolo VI.
ISBN 978-85-356-3807-3

1. Confiança em Deus 2. Espiritualidade 3. Fé 4. Palavra de Deus
5. Paulo VI, Papa, 1897-1978 6. Pensamentos I. Título.

14-07674   CDD-248.4

Índice para catálogo sistemático:

1. Pensamentos e palavras : Vida cristã : Cristianismo   248.4

1ª edição – 2014

Título original da obra: *Pensieri e parole di Paolo VI*

© Paoline Editoriale Libri. Figlie di San Paolo.
Via Francesco Albani, 21 - 20149 Milano
© Libreria Editrice Vaticana

Direção-geral: *Bernadete Boff*

Editora responsável: *Andréia Schweitzer*

Tradução: *Leonilda Menossi*

Copidesque: *Simone Rezende*

Coordenação de revisão: *Marina Mendonça*

Revisão: *Sandra Sinzato*

Gerente de produção: *Felício Calegaro Neto*

Diagramação: *Manuel Rebelato Miramontes*

*Nenhuma parte desta obra poderá ser reproduzida ou transmitida
por qualquer forma e/ou quaisquer meios (eletrônico ou mecânico,
incluindo fotocópia e gravação) ou arquivada em qualquer sistema ou
banco de dados sem permissão escrita da Editora. Direitos reservados.*

Paulinas

Rua Dona Inácia Uchoa, 62
04110-020 – São Paulo – SP (Brasil)
Tel.: (11) 2125-3500
http://www.paulinas.org.br – editora@paulinas.com.br
Telemarketing e SAC: 0800-7010081

© Pia Sociedade Filhas de São Paulo – São Paulo, 2014

"Paulo VI,
embora imerso na angústia universal,
foi sempre um homem com ânimo forte
e de profunda serenidade,
haurida na luz da cruz
e da ressurreição de Cristo."

Giorgio Basadonna

SUMÁRIO

Traços biográficos de Paulo VI......................7

1. A Palavra de Deus, a Igreja e o mundo ..21

2. No amor reconciliado, único caminho,
   cresce a paz..29

3. O assombro da cruz como beleza...........33

4. O inefável no tempo e os "santos"
   louvam seus traços.................................39

5. Os caminhos da arte..............................43

6. O oceano trinitário no logos
   feito rosto de "carne" 48

7. E a obra da criação assim continua 53

8. Rezando como filhos do Pai...................59

Bibliografia de e sobre Paulo VI.................67

TRAÇOS BIOGRÁFICOS DE PAULO VI

1897   Giovanni Battista Montini nasceu a 26 de setembro em Concesio (Bréscia), filho de Giorgio (1860-1943) e de Giuditta Alghisi (1874-1943). É o segundo de três irmãos, entre Ludovico, advogado, deputado e senador da República (1896-1990) e Francesco, médico (1900-1971). A 30 de setembro foi batizado na igreja paroquial de Pieve di Concesio, por Pe. Giovanni Fiorini. O pai dirigiu o jornal *Il cittadino di Brescia* e por três legislaturas foi eleito deputado do Partido Popular italiano.

1902   Devido à sua saúde, frequenta como externo as aulas do colégio "Cesare Arici", de Bréscia, dirigido pelos jesuítas, e participa ativamente dos grupos de jovens do Oratório de Santa Maria da Paz, sede da Congregação do Oratório de São Filipe Néri, onde conhece e mantém amizade com Padre Giulio Bevilacqua e Padre Paolo Caresana.

1907	Em abril, viaja com toda a família para Roma, em audiência privada com o Papa Pio X (Giuseppe Sarto). Recebe a Primeira Comunhão (6 de junho) e a Crisma (21 de junho).
1916	Em junho, forma-se no liceu "Arnaldo de Bréscia". Em outubro do mesmo ano inicia, como aluno externo, o curso no seminário diocesano de Bréscia, que conclui em 1920.
1918-1925	Colabora com o periódico *La Fionda*, da Associação Estudantil Bresciana "Alexandre Manzoni", no qual publica artigos de notável valor. Nesse período, o jornal é dirigido por Andrea Trebeschi (falecido em Mauthausen, Áustria, em 1945), que foi coetâneo e amigo de Montini.
1919	Começa a fazer parte da FUCI (Federação Universitária Católica Italiana).
1920	Em 29 de maio é ordenado sacerdote, pelo bispo Giacomo Gaggia, na Catedral de Bréscia. A 30 de maio celebra a primeira missa no Santuário de Nossa Senhora das Graças. Em novembro transfere-se para o Seminário Lombardo, em Roma, onde prossegue os

estudos na Universidade Gregoriana. Em 1921, frequenta a Academia dos Nobres Eclesiásticos (atual Pontifícia Academia Eclesiástica) a fim de preparar-se para o serviço diplomático da Secretaria de Estado da Santa Sé.

1922-1924 Durante este período, forma-se em Filosofia, em Direito Canônico e em Direito Civil.

1923-1926 Após um breve período, de maio a outubro de 1923, como integrante da Nunciatura Apostólica de Varsóvia (Polônia), em dezembro desse mesmo ano é nomeado assistente eclesiástico do Círculo Universitário Católico, ligado à FUCI. Passa o verão de 1924 em Paris, onde cursa língua e literatura francesa e, em outubro, entra para a Secretaria de Estado do Vaticano. Em outubro de 1925, é nomeado assistente eclesiástico nacional da FUCI. Em 1926, presta assídua colaboração à revista *Studium*.

1930-1937 Durante este período, leciona História da diplomacia pontifícia no Pontifício Instituto Utriusque Iuris, no Palácio Santo Apolinário. Em 1931 é encarregado de visitar a Alemanha e a Suíça, a fim de organizar uma difusão maior da encíclica *Non abbiamo bisogno*, na qual Pio XI condena o regime fascista que havia dissolvido as organizações católicas. A 13 de dezembro é nomeado substituto na Secretaria de Estado (colabora ao lado do Cardeal Eugenio Pacelli) e secretário da CIFRA, após ser dispensado, em 1933, do cargo de assistente eclesiástico da FUCI, seja por causa dos muitos empenhos, seja por causa das correntes clericais opostas à sua formação cultural.

1938   De 22 a 31 de maio, acompanha a Budapeste (Hungria) o Cardeal Eugenio Pacceli, legado pontifício para o 34º Congresso Eucarístico Internacional.

1939   A 10 de fevereiro morre Pio XI (Achille Ratti) e a 5 de março, às vésperas da Segunda Guerra Mundial, é eleito Papa o Cardeal Pacelli, que toma o nome de Pio XII. A 24 de agosto é lida a mensagem pontifícia ao mundo condenando a guerra. De seu próprio punho, Montini escreve: "Nada se perde com a paz! Tudo pode ser perdido com a guerra!".

1939-1945 Com o início da Segunda Guerra Mundial, Montini institui a Agência de Informações do Vaticano, para troca e busca de notícias sobre prisioneiros civis e militares.

1943 Poucos meses entre um e outro, morrem na Bréscia os pais de Montini: o pai, Giorgio, a 12 de janeiro, e a mãe, Giuditta, a 17 de maio. A 19 de julho, Montini acompanha Pio XII numa visita ao bairro de San Lorenzo, em Roma, gravemente atacado por um bombardeio aéreo. A Segunda Guerra Mundial foi também ocasião de violentas polêmicas sobre o papel da Igreja, ainda que esta tenha tido o notável desempenho de Montini na assistência prestada a muitos refugiados, incluindo judeus.

1944 Por ocasião da morte do Cardeal Luigi Maglione, em 29 de novembro, Montini assume o cargo de pró-secretário de Estado. Juntamente com Domenico Tardini (futuro Secretário de Estado de João XXIII), Montini presta estrita colaboração a Pio XII.

1950	Dirige a organização central do Ano Santo.
1952	A 29 de novembro é nomeado pró--secretário de Estado para os Negócios Ordinários. Nas eleições administrativas não deixa faltar seu apoio a Alcide de Gasperi, político democrata cristão, que chegou a ocupar os cargos de presidente e primeiro-ministro da Itália.
1954-1956	Em 1º de novembro de 1954, após a morte do Cardeal Alfredo Ildefonso Schuster, Arcebispo de Milão, Montini é nomeado para o cargo por Pio XII, e a 12 de dezembro é consagrado Bispo em São Pedro, pelo Cardeal Tisserant. Na igreja de Milão, sobrecarregada de problemas relacionados à reconstrução, imigração e ao ateísmo, Montini soube manter-se à altura dos fatos, gerenciando as melhores forças econômicas. A 6 de janeiro de 1955 ingressa na Arquidiocese de Milão e já em 15 de fevereiro publica a primeira carta pastoral para a quaresma: *Omnia nobis in Christus*. A 19 de fevereiro de 1956 publica a segunda carta pastoral, *Osservazione*

su l'ora presente [Observação sobre o momento atual].

1957   Em outubro faz um discurso no Congresso Mundial do Apostolado dos Leigos, em Roma, sobre o tema "A missão da Igreja". De 5 a 24 de novembro desenvolve-se a grande "Missão de Milão", sobre o tema "Deus Pai".

1958   No dia 9 de outubro morre o Papa Pio XII, e a 28 do mesmo mês é eleito Pontífice o Cardeal Angelo Giuseppe Roncalli, patriarca de Veneza, que toma o nome de João XXIII. A 15 de dezembro Montini é nomeado Cardeal, no primeiro consistório de João XXIII, com o título presbiteral dos Santos Silvestre e Martinho do Monte.

1959   A 25 de janeiro, João XXIII inicia o Concílio Vaticano II.

1960-1962   Nesse período, João XXIII, demonstrando-lhe grande estima, começa a enviá-lo a várias partes do mundo (Estados Unidos, Brasil, Irlanda, Rodésia, África do Sul, Nigéria, Gana) como representante do Papa. A 6 de novembro, Montini é nomeado membro da Pontifícia Comissão Central preparatória ao Concílio Vaticano II. Em 22 de fevereiro de 1962, com a sua oitava carta pastoral, *Pensiamo al Concilio*, colabora ativamente na sua preparação, que será aberto a 11 de outubro, com uma celebração solene.

1963   A 3 de junho morre João XXIII, e a 20 de junho abre-se o conclave para a eleição do novo Papa: a 21 de junho a fumaça branca é para o Cardeal Montini, que assume o nome de Paulo VI. Para a Arquidiocese de Milão, a 10 de agosto é nomeado Dom Giovanni Colombo. A 4 de dezembro é concluído o segundo período do Concílio Vaticano II, com a promulgação da constituição apostólica sobre a liturgia *Sacrosanctum Concilium* e o decreto sobre comunicação social *Inter mirifica*. De alto perfil espiritual e intelectual, Papa Montini prossegue o caminho inovador, iniciado pelo seu predecessor, com grande capacidade de mediação, garantindo solidez doutrinal e abertura aos temas do terceiro mundo e da paz. Concluído o Concílio, inicia-se um período difícil, marcado por contrastes sociais e políticos, dissensão católica e o avanço da secularização, que tornaram ainda mais áspera a relação entre a Igreja e o mundo, tanto assim que foi preciso dizer: "Esperávamos pela primavera, mas sobreveio uma tempestade" Mas ele foi "o Papa da luz", aquele que indicou o caminho da fé e da civilização do amor para a humanidade, apontando para Cristo.

1964 De 4 a 6 de janeiro faz sua primeira peregrinação à Terra Santa (Jordânia, Israel) A segunda viagem acontece nos dias 2 a 5 de dezembro (antes Beirute [Líbano], e a seguir, Índia). Após sua coroação – ocorrida a 30 de junho de 1963 – teve grande destaque a sua escolha de renunciar à tiara papal, que ele colocou à venda a fim de ajudar aos mais necessitados (adquirida pelo cardeal Francis Joseph Spellman, é mantida na Basílica da Imaculada Conceição de Washington). No dia 6 de janeiro, o encontro com o Patriarca Atenágoras I, após 14 séculos de incomunicabilidade, sinaliza um passo histórico decisivo entre a Igreja Católica e a Igreja Ortodoxa. A 6 de agosto lança a encíclica

Ecclesiam suam, que indica por quais caminhos a Igreja Católica deve exercer seu mandato. Mantém amigos, como os filósofos Jean Guitton e Jacques Maritain entre outras personalidades do mundo cultural e artístico.

1965   A 14 de setembro anuncia o Sínodo dos Bispos. A 3 de setembro promulga a *Mysterium fidei*, sobre a doutrina e o culto da Eucaristia. Sua terceira peregrinação realiza-se nos dias 3 a 4 de outubro (Nova York, EUA). De importância história é o seu discurso na Assembleia da ONU, a 4 de outubro. No dia 8 de dezembro Paulo VI, após sete mensagens, conclui o Concílio Vaticano II.

1966   Paulo VI, após quatro séculos de enfrentamento e de contestações dos purpurados, põe fim ao *Índice dos Livros Proibidos*.

1967   A 26 de março surge a encíclica *Populorum progressio*, sobre o desenvolvimento dos povos. Aqui, pela primeira vez após a *Rerum novarum*, é enfrentada a questão social em âmbito mundial.

A 13 de maio realiza a 4ª peregrinação (Fátima, Portugal). A 24 de junho, com a promulgação da encíclica *Sacerdotalis coelibatus*, reconfirma o decreto do Concílio de Trento. Em 25-26 de julho, realiza sua 5ª viagem (Turquia). A 25 de julho lança sua última encíclica, *Humanae vitae*, sobre as complexas questões dos nascimentos e contracepções. O debate que surge na sociedade civil torna-se dilacerante. De 22 a 25 de agosto, realiza sua 6ª viagem (Colômbia [Bermudas].

1969   A 10 de junho, realiza sua 7ª viagem (Genebra, Suíça) e logo depois, de 31 de julho a 2 de agosto, faz sua 8ª viagem (Uganda).

1970-1971   De 26 de novembro a 5 de dezembro, realiza sua 9ª viagem (Irã, Paquistão, Filipinas, Ilha Samoa, Austrália, Indonésia, Hong Kong e Sri Lanka. Em 1971 promulga a carta apostólica *Octogesima adveniens*, no octogésimo aniversário da *Rerum novarum*.

1974   A 2 de fevereiro, sai a exortação apostólica *Marialis cultus*, sobre o culto da Virgem Maria, e a 8 de dezembro, a exortação apostólica *Paterna cum benevolentia*, para promover, com o Ano Santo, a reconciliação no interior da Igreja. A 24-25 de dezembro, abre a Porta Santa da basílica de São Pedro, inaugurando o Ano Santo, um dos momentos mais intensos do seu pontificado.

1975   São promulgadas duas exortações apostólicas: a 9 de maio, *Gaudete in Domino*, sobre a alegria cristã, e a 8 de dezembro, *Evangelii nuntiandi*, sobre o conceito correto de libertação e salvação. A 14 de dezembro, na Capela Sistina, beija os pés do metropolita de Calcedônia, Melitone. A 25 de dezembro celebra a missa *in nocte*, sobre a consagração da Basílica de São Pedro, fechando assim o Ano Santo.

1977   De 30 de setembro a 29 de outubro está presente no IV Sínodo dos Bispos, sobre o tema "A catequese hoje", com especial atenção às crianças e aos jovens. A 8 de outubro inaugura uma exposição de obras sobre São Pedro, oferecidas a ele por um grupo de artistas, por ocasião do seu 80º aniversário.

1978	Com o sequestro do político Aldo Moro, um dos mais destacados líderes da democracia cristã na Itália, pelo grupo de guerrilha Brigadas Vermelhas, a 16 de março, inicia-se um grande calvário. A 21 de abril Paulo VI escreve uma carta aberta aos membros da Brigada Vermelha pela libertação do honorável Aldo Moro, mas a 9 de março o político é encontrado morto na via Caetani, em Roma.
	A 6 de agosto, Paulo VI morre às 21h40, em Castel Gandolfo, a residência de verão. A 12 de agosto, após os funerais, é sepultado na basílica de São Pedro, nas Grutas Vaticanas.
1993	No dia 11 de maio, por vontade de João Paulo II, o Cardeal Camillo Ruini, vigário para a cidade de Roma, deu início ao processo de beatificação de Paulo VI.
1999	No dia 8 de março termina a indagação jurídica e Paulo VI é designado Servo de Deus.
2012	A 10 de dezembro a Congregação para a Causa dos Santos expressa formalmente seu parecer favorável e no dia 20 de dezembro o Papa Bento XVI autoriza a

promulgação do decreto sobre as virtudes heroicas de Paulo VI, que recebe o título de Venerável.

2014 No dia 6 de maio é publicada a notícia sobre a comprovação do milagre da cura cientificamente inexplicável de uma criança que corria risco de vida ou de gravíssimas malformações, ainda no ventre materno. A beatificação do Papa Paulo VI é marcada para o dia 19 de outubro.

1

A PALAVRA DE DEUS, A IGREJA E O MUNDO

Causa-nos grande conforto o impulso que semelhante organização dá ao estudo, ao culto e ao amor à Sagrada Escritura, neste país católico, chamado, com certeza, a alimentar sua cultura e sua espiritualidade na Palavra dos livros santos. Portanto, grande esperança se tem também no desenvolvimento dos estudos das Escrituras católicas e na difusão dos textos sagrados "a fim de que" – como diz o Concílio – "os filhos da Igreja se familiarizem, com segurança e utilidade, com as Sagradas Escrituras absorvam seu espírito" (*Dei Verbum*, 25).

Insegnamenti, vol. IV (1966), pp. 414-415.

Vós sois não somente ouvintes, mas também mestres da Palavra de Deus, contida na Sagrada

Escritura. Sois estudiosos e sois comentadores. Sois pesquisadores e sois divulgadores. A Palavra de Deus passa através de vós a fim de chegar às mentes, ao povo de Deus. Sois não apenas filólogos, historiadores, especialistas de tantas ciências que concorrem para a compreensão dos textos sagrados; sois professores de Sagrada Escritura, sois exegetas. Entendemos exegetas não somente no sentido filológico, técnico, e, se o quiserdes, científico, mas sobretudo no sentido teológico, no sentido religioso e espiritual; ou seja, naquilo em que se reconhece que sois aqueles que explicam e transmitem a Palavra de Deus na sua integridade profunda e vital. Sois intérpretes. Ora, esse ofício, na sua instância decisiva, no seu verdadeiro valor, o da transcendência da Palavra, é maior do que o ser humano; exige um carisma; exige uma regra, uma fidelidade. "Nenhuma profecia da Escritura é objeto de explicação pessoal" (*Própria interpretazione non fit*, 2Pd 1,20).

Insegnamenti, vol. IV (1966), p. 417.

Herdeira das promessas divinas e filha de Abraão, segundo o Espírito, por meio de Israel, do qual guarda com amor as Sagradas Escrituras e venera os patriarcas e os profetas; fundamentada nos apóstolos e transmissora, de século em século, da sua palavra sempre viva e pelo seu poder de pastores no sucessor de Pedro e nos bispos em comunhão com ele; constantemente assistida pelo Espírito Santo, a Igreja tem por missão guardar, ensinar, explicar e divulgar a verdade, que Deus manifestou de uma maneira ainda velada, por meio dos profetas, e plenamente por meio do Senhor Jesus. Nós cremos em tudo aquilo que está contido na Palavra de Deus, escrita ou transmitida, e que a Igreja propõe crer como divinamente revelada, seja com uma ordem solene, seja com o magistério ordinário e universal.

C. Siccardi, *Paulo VI, il Papa della luce*, pp. 329-330.

Conforme a prescrição do Concílio Vaticano II, que estabelecia: "Num determinado número de anos, leiam-se para o povo as partes mais importantes da Sagrada Escritura (cf. ibid. 51, p. 114), todo o complexo das leituras dominicais, subdividido num ciclo de três anos. Entretanto, nos dias festivos, as leituras da epístola e do Evangelho são precedidas por um trecho do Antigo Testamento, ou então, no Tempo Pascal, pelos Atos dos Apóstolos. Dessa forma, é colocado claramente à luz o desenvolvimento do mistério da salvação, a partir do mesmo texto da revelação. Tão grandíssima abundância de leituras bíblicas, que propõe aos fiéis nos dias festivos a parte mais importante da Sagrada Escritura, é completada por outras partes dos livros santos lidos nos dias feriais.

Tudo isso é organizado de modo que aumente sempre mais nos fiéis aquela fome de ouvir a Palavra do Senhor (cf. Am 8,11) que, sob a guia do Espírito Santo, impulsiona o povo da Nova Aliança à perfeita unidade da Igreja. Com tais disposições, nutrimos viva esperança de que sacerdotes e fiéis preparem mais santamente o ânimo para a Ceia do Senhor e, ao mesmo tempo, ao meditar mais profundamente as Sagradas Escrituras, nutram-se dia após dia mais das Palavras do Senhor. Segundo quanto foi dito pelo Concílio Vaticano II, as Sagradas Escrituras serão assim uma fonte perene de vida espiritual, um meio de primeira ordem para transmitir a doutrina cristã e, enfim, a própria essência de toda a teologia.

Missale romanum, 3 de abril de 1969.

A necessidade de uma marca bíblica em toda forma de culto é hoje percebida como um postulado geral da piedade cristã. O progresso dos estudos bíblicos, a crescente divulgação das Sagradas Escrituras e, sobretudo, o exemplo da tradição e da íntima moção do Espírito, orientam os cristãos do nosso tempo para se servirem sempre mais da Bíblia como livro fundamental de oração, e a obter dela genuína inspiração e insuperáveis modelos. O culto à Virgem Maria não pode ser subtraído dessa orientação geral da piedade cristã, antes, nela deve inspirar-se de modo particular, a fim de adquirir novo vigor e seguro proveito. A Bíblia, ao propor de modo admirável o desígnio de Deus para a salvação dos homens, está toda impregnada do mistério do Salvador, e também contém, do Gênesis até o Apocalipse, referências indubitáveis àquela que foi Mãe e cooperadora do Salvador. Não queremos, porém, que a marca bíblica se limite a um diligente uso dos textos e símbolos, sabiamente encontrados na Sagrada Escritura; ela exige muito mais: requer, de fato, que da Bíblia se tomem os termos e as inspirações para as orações e composições destinadas ao canto; e exige, sobretudo, que o culto à Virgem Maria seja permeado pelos grandes temas da mensagem cristã, a fim de que, enquanto os fiéis veneram aquela que é Sede da Sabedoria, sejam iluminados pela luz da divina Palavra e induzidos a agir segundo os ditames da Sabedoria encarnada.

Marialis cultus, 30.

A leitura das Sagradas Escrituras, realizada sob a influência do Espírito Santo e tendo presentes as conquistas das ciências humanas e as várias situações do mundo contemporâneo, levará a descobrir como Maria pode ser considerada modelo das realidades que constituem as aspirações dos seres humanos do nosso tempo.

Marialis cultus, 37.

No Evangelho se diz
que tu, ó Jesus, és o Verbo,
a Palavra feita homem.
Assim, pões em evidência
que nós podemos usufruir
da tua presença,
ainda que prescindindo daquilo que nos falta:
o contato sensível,
a visão imediata
na conversação humana.
Tu, Senhor,
nos dás e nos deixas a tua palavra.
Essa tua palavra
é uma forma de presença entre nós.
Ela dura, permanece;
enquanto que a presença física se esvai
e está sujeita às vicissitudes do tempo,
a palavra permanece:
"A minha palavra durará para sempre".
Através da comunicação

da palavra,
passa o pensamento divino,
passas tu, ó Verbo,
Filho de Deus feito homem.
Tu, Senhor, te encarnas dentro de nós
quando aceitamos
que a tua palavra venha circular
na nossa mente,
no nosso espírito,
venha animar o nosso pensamento,
venha viver dentro de nós.
Quem te acolhe, diz: sim, eu adiro,
obedeço à tua palavra, ó Deus,
e a ela me abandono.

M. C. Moro (ed.), *Preghiamo com Paolo VI*,
pp. 62-63.

2

NO AMOR RECONCILIADO, ÚNICO CAMINHO, CRESCE A PAZ

A fim de que seja garantido ao ser humano o direito à vida, à liberdade, à igualdade, à cultura, a usufruir dos bens da civilização, à dignidade pessoal e social, é preciso paz; onde se perde o seu equilíbrio e a sua eficiência, os direitos do homem tornam-se precários e comprometidos; onde não existe paz, o direito perde sua fisionomia humana. Onde não há respeito, defesa, promoção dos direitos do homem – onde se pratica violência ou fraude à sua inalienável liberdade, onde se exercita a discriminação, a escravidão, a intolerância –, não pode existir verdadeira paz. Porque paz e direito são reciprocamente causa e efeito um do outro;

a paz favorece o direito; e, por sua vez, o direito favorece a paz.

Insegnamenti, vol. VI (1968), p. 642.

Não se pode falar legitimamente de paz onde não se reconhecem e não se respeitam os seus sólidos fundamentos: a sinceridade, ou seja, a justiça e o amor nas relações entre os Estados e, no âmbito de cada nação, entre os cidadãos e entre eles e os seus governantes; a liberdade dos indivíduos e dos povos, em todas as suas expressões, cívicas, culturais, morais e religiosas.

Mensagem para o Dia Mundial da Paz,
1º de janeiro de 1968.

Acreditamos que seja extremamente importante ter uma ideia exata da paz, despojando-a das pseudoconcepções de que muito frequentemente a revestem, deformando-a e corrompendo-a. Di-lo--emos primeiramente aos jovens: a paz não é uma condição paralisante da vida na qual se encontra, ao mesmo tempo, a sua perfeição e a morte: a vida é movimento, é crescimento, é trabalho, é esforço, é conquista. A paz é assim? Sim, pela mesma razão que coincide com o bem supremo do homem viandante no tempo, e esse bem não é jamais plenamente conquistado, mas sempre a caminho de nova e inexaurível posse: a paz é, portanto, a ideia central e motriz do mais ativo fervor.

Mensagem para o Dia Mundial da Paz,
1º de janeiro de 1972.

Deixai-me, homens todos, repetir profeticamente a mensagem mais recente do Concílio Ecumênico, até os confins do horizonte: "... Nós devemos esforçar-nos com todo empenho a fim de preparar aquele tempo, no qual, mediante o acordo das nações, se poderá interditar todo e qualquer recurso à guerra... A paz deve nascer da confiança mútua entre as nações, antes que ser imposta aos povos pelo terror das armas".

Mensagem para o Dia Mundial da Paz,
1º de janeiro de 1968.

A reconciliação desvia a esfera da paz do foro externo para o foro interno; ou seja, do campo extremamente realístico das competições políticas, militares, sociais, econômicas, enfim, do mundo experimental para o campo menos real, mas imponderável, da vida espiritual dos seres humanos. Difícil chegar a esse campo, sim; mas esse é o campo de verdadeira paz, da paz nas almas antes que nas obras, na opinião pública antes que nos tratados, no coração das pessoas antes que na trégua das armas. Para haver uma verdadeira paz, é preciso dar-lhe uma alma. A alma da paz é o amor.

U. Gamba, *Pensieri di Paolo VI*, p. 88.

3

O ASSOMBRO DA CRUZ COMO BELEZA

Foi justamente notado como, do Concílio, se divulgou na Igreja e no mundo uma onda de serenidade e otimismo; um Cristianismo amigo da vida, dos seres humanos, dos próprios valores terrenos, da nossa sociedade e da nossa história. [...] Isso é verdade. Mas atenção! O Concílio não esqueceu que a cruz está no centro do Cristianismo. Também isso teve uma rigorosa fidelidade à palavra de São Paulo: "Que a cruz de Cristo não seja em vão" (*Ut non evacuetur crux Christi*, 1Cor 1,17). Também ele, como apóstolo, disse de si mesmo: "Não julguei saber outra coisa entre vós, senão Jesus Cristo, e este crucificado" (1Cor 2,2). Poderíamos recordar como as grandes linhas teológicas, místicas e ascéticas da associação dos fiéis à paixão do Senhor percorrem as páginas dos documentos conciliares (veja-se, por exemplo, aquelas da grande Constituição dogmática sobre a Igreja, *Lumen gentium*, 7-8, 11, 34, 49...); basta esta citação: "Como Cristo realizou a obra da redenção na pobreza e na perseguição, assim também a Igreja é chamada a comunicar aos homens os frutos da salvação" (Ibid. 8).

Insegnamenti, vol. VII (1969), p. 903.

A imagem do Filho de Deus deveria estar ligada não à dor, mas à felicidade, à plenitude da vida, ao triunfo da existência. Ao invés, o Senhor nos é apresentado com um semblante de crueldade e abjeção. Ele foi crucificado e, assim, temos diante de nós a imagem da dor levada ao extremo, naquele que é o representante mais alto da humanidade, no qual a dor se concentrou, fazendo dele, crucificado, o homem da dor.

Insegnamenti, vol. VII (1969), p. 1305.

Eis-nos a ressaltar, com estupor e conforto indizível, que exatamente a morte dolorosíssima do Salvador tem sido a nossa sorte e nos enche de alegria e amor.

Jesus morreu não somente porque nós o matamos; morreu por nós. Morrendo na cruz ele nos salvou. Por nós ele sofreu e morreu. E, como em tantas representações artísticas da cruz, brotam aos pés daquela árvore da vida rios de água límpida para nos indicar a graça, a amizade com Deus, os sacramentos, assim também da cruz surge efetivamente uma torrente de misericórdia que oferece a nós, a todos, a inestimável sorte de sermos perdoados, de sermos redimidos.

U. Gamba, Pensieri di Paolo VI, p. 291.

[Jesus] morreu na cruz exatamente com a intenção de sacrificar-se por nós; e, assim, o Crucificado é a revelação mais explícita, mais comovente do amor de Deus pelo mundo, por todos, por cada um, "por mim", como sublinha a incisiva frase de Paulo: "Entregou-se a si mesmo por mim" (*Tradidit semetipsum pro me*, Gl 2,20). Portanto, cada um de nós, individualmente, é objeto de uma redenção que deve provocar-nos uma grande corrente de reconhecimento e amor, porque Jesus nos salvou morrendo.

Não podemos permanecer indiferentes e não nos sentir atingidos por esse amor que se concluiu com o drama da sua morte, um drama que é a substância da nossa fé, da nossa vida religiosa.

Insegnamenti, vol. VII (1969), p. 1307.

Jesus chama a dor a sair da sua desesperada inutilidade e tornar-se, unida à sua, fonte positiva de bem, fonte não só das mais sublimes virtudes

– que vão desde a paciência até o heroísmo e a sabedoria –, como também a capacidade de expiação, de redenção, de beatificação da própria cruz de Cristo. O poder salvífico da paixão de Jesus pode tornar-se universal e, juntamente com todo o nosso sofrimento, se for aceito e suportado em comunhão com o seu sofrimento – essa é a condição. A "compaixão", de passiva se torna em ativa; idealiza e santifica a dor humana, torna-a complementar à dor do Redentor (cf. Cl 1,24).

Cada um de nós lembre-se dessa inefável possibilidade.

Os nossos sofrimentos (sempre dignos de cuidados e de remédios) tornam-se bons, tornam-se preciosos. No cristão inicia-se uma arte estranha e estupenda: a de "saber sofrer", a de fazer a própria dor servir como redenção de si próprio e dos outros. [...]

Jesus poderia perguntar, ainda hoje, aos modernos e hábeis perseguidores: "... Por que me perseguem?" (At 9,4). É triste para quem é objeto de tão injustos tratamentos; é indigno para quem os pratica, mesmo se mascarados de hipocrisias legais. Mas estamos certos de que esses prolongados sofrimentos são fortalecidos pela assistência divina e consolados pela nossa compaixão e de toda a universal fraternidade cristã; e esperamos que isso realmente valha, pela virtude da cruz de Cristo, à qual são oferecidos tais sofrimentos, torrentes de graças por tudo quanto se suporta, por toda a Igreja e por todo o mundo.

Insegnamenti, vol. II (1964), pp. 212-213.

Devemos carregar, também nós, de qualquer modo e em qualquer medida, a nossa cruz, tornada válida pela salvação da cruz de Cristo.

Carregar a cruz! Grande coisa, grande coisa, filhos caríssimos!

Significa enfrentar a vida com coragem, sem fraqueza e sem covardia.

Quer dizer transformar em energia moral as inevitáveis dificuldades da nossa existência.

Significa saber compreender a dor humana e, finalmente, saber amar de verdade!

Quer dizer aceitar o sigilo da autenticidade de discípulos e seguidores de Cristo e estabelecer com ele uma comunhão incomparável.

Insegnamenti, vol. V (1967), pp. 118-119.

O INEFÁVEL NO TEMPO E OS "SANTOS" LOUVAM SEUS TRAÇOS

Em geral, aplicamos a qualidade de santidade às figuras humanas que realizaram de modo pleno e sublime o ideal do seguidor de Cristo, o herói, o mártir, o asceta, o vencedor, que se destaca da multidão e que apresenta uma estatura superior e singular de personalidade humana, engrandecida não apenas por um esforço bem-sucedido na imitação do Mestre divino, mas também por uma preferencial abundância de dons e carismas e por uma mística comunhão com a própria vida de Cristo, pela qual ele, o Santo, pode dizer com pleno direito: "Para mim, viver é Cristo" (Fl 1,21). Fizemos, assim, da hagiografia, o paradigma da santidade.

O Concílio ratifica essa concepção fenomênica e rara da santidade, e traz o conceito às origens históricas, ou seja, quando todos os fiéis cristãos eram chamados de "santos"; e as origens teológicas da santidade infundida aos seres humanos pelo Batismo e pelos demais sacramentos, mediante os quais nos é infusa a misteriosa e prestativa presença sobrenatural de Deus santificante, a que chamamos graça, e que nos torna santos, filhos de Deus, partilhando em alguma medida da sua própria inefável e transcendente natureza. De onde concluímos, portanto: a santidade é um dom; a santidade é comum e acessível a todos os cristãos.

U. Gamba, *Pensieri di Paolo VI*, pp. 702-703.

A santidade se manifesta como plenitude de vida, como felicidade sem medida, como imersão na luz de Cristo e de Deus, como beleza incomparável e ideal, como exaltação da personalidade, como transfiguração imortal da nossa existência mortal, como fonte de admiração e alegria, como conforto solidário com o nosso cansativo peregrinar no tempo, como nossa pregustação inebriante da "comunhão dos santos", ou seja, da Igreja vivente, que pertence a Deus quer seja no tempo, quer seja na eternidade (cf. Rm 14,8-9).

U. Gamba, *Pensieri di Paolo VI*, p. 856.

Podemos dizer que a santidade é uma forma de vida fortemente estilizada por um singular jogo de dois princípios operativos que a caracteriza até quase lhe dar certa evidência. Uma interioridade, mediante a qual a consciência, a liberdade, a iniciativa, a vontade moral, o temperamento pessoal explicam uma incessante tensão, um esforço tranquilo mas sem trégua, a fim de atingir a *virtus*, a perfeição no operar o bem até o rendimento máximo, até mesmo heroico às vezes, do qual o sujeito é capaz.

No entanto, o outro princípio, exterior, a lei, a regra, oferece à ação virtuosa uma concreta observância, uma disciplina, que quer ser o reflexo da vontade superior e sábia que, da ordem transcendente do divino querer derivam a sua inspiração e a sua efetiva bondade. Resulta assim que o santo é o mais livre e voluntário dos seres humanos e, ao mesmo tempo, o mais dócil e obediente; é exatamente dessa original composição de espontaneidade e uniformidade à norma estabelecida que a santidade transparece como uma arte de vida, como uma harmonia invejável, como um equilíbrio admirável, que transfigura uma existência, por humilde que seja, num fenômeno moral de humana beleza.

Insegnamenti, vol. V (1967), pp. 572-573.

É de Deus que nos vem a nossa primeira e efetiva santidade, a graça; dele nos vem a norma que nos torna justos e bons, ou seja, a sua vontade; dele, em Jesus Cristo, o exemplo a contemplar e imitar; dele, toda ajuda, a fim de conservar e desenvolver o dom da vida nova; dele, o convite ao colóquio espiritual, que alimenta a vida interior na oração; dele, o amor que nos torna capazes de amar e tender à união com ele, uma união perfeita nesta vida e, a ele aprazendo, consumada em plenitude na vida futura.

Insegnamenti, vol. V (1967), pp. 571-572.

5

OS CAMINHOS DA ARTE

A vossa arte consiste exatamente em tomar do céu do espírito os seus tesouros e revesti-los de palavras, de cores, de formas, de acessibilidade. E não somente uma acessibilidade como possa ser a de um mestre de lógica, ou de matemática, que torna compreensíveis os tesouros do mundo inacessível às faculdades cognoscitivas dos sentidos à nossa percepção imediata das coisas. Vós tendes também essa prerrogativa, no próprio ato em que tornais acessível e compreensível o mundo do espírito: de conservar a tal mundo a sua inefabilidade, o sentido da sua transcendência, o seu halo de mistério, esta necessidade de alcançá-lo facilmente e, ao mesmo tempo, com esforço. Isto – aqueles que disso entendem chamam de *Einfühlun*, a sensibilidade, isto é, a capacidade de sugerir, por intermédio do sentimento, aquilo que não se conseguiria compreender e exprimir por meio do pensamento – vós o fazeis! Ora, dessa vossa maneira, nessa vossa capacidade de traduzir no círculo das nossas cognições – *et quidem* daquelas fáceis e felizes, ou seja, daquelas sensíveis, aquelas que somente com a visão intuitiva se entendem e se colhem – repetimos, vós sois mestres. E se nós faltássemos em vos auxiliar, o ministério se tornaria balbuciante e incerto e haveria necessidade de se fazer um esforço, diremos, de fazer disso algo artístico, antes, profético. A fim de evidenciar a força da expressão lírica da beleza intuitiva, haveria necessidade de fazer coincidir o sacerdócio com a arte.

Homilia, Missa dos artistas, 17 de maio de 1964. Disponível em: <http://www.santamelania.it/approf/2007/omeliaartisti.htm>.

Nós devemos perguntar a todos vós sobre as possibilidades que Deus vos deu e, portanto, no âmbito da funcionalidade e da finalidade, que irmana a arte ao culto de Deus, devemos deixar às vossas vozes o canto livre e potente, de que sois capazes. E vós deveríeis ser tão bravos para interpretar aquilo que deveis exprimir, a ponto de obter de nós o motivo, o tema e, quem sabe, mais que o próprio tema, aquele fluido secreto que se chama inspiração, que se chama graça, que se chama carisma da arte. E, aprazendo a Deus, vo-lo daremos. Mas esse momento não é feito para longos discursos nem para proclamações definitivas.

Homilia, Missa dos artistas, 17 de maio de 1964.
Disponível em: <http://www.santamelania.it/approf/2007/omeliaartisti.htm>.

Não basta nem a catequese nem o trabalho. É necessária a indispensável característica do momento religioso, ou seja, a sinceridade. Não se trata somente de arte, mas de espiritualidade. É preciso imergir em si mesmo e dar ao momento religioso, artisticamente vivido, aquilo que aqui se exprime: uma personalidade, uma voz provinda do mais profundo da alma, uma forma que se distingue de todo disfarce cênico, de representação puramente exterior; é o "eu" que se encontra na sua síntese mais plena e mais trabalhosa, se quereis, mas também a mais alegre. É preciso que aqui a religião seja realmente espiritual: e então acontecerá para vós aquilo que a festa de hoje, a Ascensão, nos leva a pensar. Quando se imerge em si mesmo, a fim de encontrar toda essa energia para ascender ao céu, nesse céu onde Jesus Cristo se refugiou, nós nos sentimos, num primeiro momento, imensamente, eu diria, infinitamente distantes.

Homilia, Missa dos artistas, 17 de maio de 1964.
Disponível em: <http://www.santamelania.it/approf/2007/omeliaartisti.htm>.

A transcendência, que tanto medo causa ao homem moderno, é de fato algo que o ultrapassa infinitamente, e quem não sente essa distância, não sente a verdadeira religião. Quem não percebe essa superioridade de Deus, essa sua inefabilidade, esse seu mistério, não sente a autenticidade do fato religioso. Mas quem o sente experimenta, quase que de imediato, que aquele Deus distante já está ali: "Não o buscaríeis se já não o tivésseis encontrado". Palavras de Pascal, é verdade. É o que se verifica continuamente na autêntica vida espiritual do cristão. Se verdadeiramente buscamos a Cristo onde ele está, no céu, nós o vemos refletido, o encontramos palpitante na nossa alma: o Deus transcendente tornou-se, de certo modo, imanente, tornou-se o amigo interior, o mestre espiritual. E a comunhão com ele, que parecia impossível, como se houvesse de atravessar abismos infinitos, já está consumada.

Homilia, Missa dos artistas, 17 de maio de 1964.
Disponível em: <http://www.santamelania.it/approf/2007/omeliaartisti.htm>

Os artistas nunca visitaram o Papa? Talvez seja a primeira vez que isso acontece. Ou melhor, eles o encontram há séculos, sempre estiveram em relação com o chefe da Igreja Católica, mas por diferentes motivos. Dir-se-ia até mesmo que se perdeu o fio dessa relação. E agora estais aqui, todos juntos, num momento religioso todo para vós, não como pessoas que ficam nos bastidores, mas que estão de fato sob os refletores de uma conversação espiritual, de uma celebração sagrada. E é natural que, se formos sensíveis e compreensíveis, haja certa veneração, certo respeito, certo desejo de entender e de calar. Pois bem, também essa sensibilidade, se devêsseis nesse momento conter a vossa liberdade de expressão e de sentimentos, nós preferiríamos desatá-la, porque, se o Papa deve acolher a todos – porque de todos ele é pai e para todos tem um ministério e para todos tem uma palavra – para vós, de modo especial, ele reserva esta palavra; e deseja, sente-se feliz de poder exprimi-la, porque o Papa é vosso amigo.

Insegnamenti, vol. II (1964), p. 313.

6

O OCEANO TRINITÁRIO NO LOGOS FEITO ROSTO DE "CARNE"

Nós cremos num só Deus, Pai, Filho e Espírito Santo, criador de todas as coisas visíveis, como este mundo onde transcorre nossa vida fugaz, das coisas invisíveis como os espíritos puros, também chamados anjos, e criador de todo ser humano de alma espiritual e imortal. Nós cremos que este único Deus é absolutamente um na sua essência infinitamente santa como em todas as suas perfeições: na sua onipotência, na sua ciência infinita, na sua providência, na sua vontade e no seu amor. Ele é aquele que É, como ele mesmo se revelou a Moisés (cf. Ex 3,14); ele é Amor, como nos ensina o apóstolo João (cf. 1Jo 4,8): de modo que esses dois nomes, Ser e Amor, exprimem inefavelmente a mesma realidade divina daquele que quis dar-se a conhecer a nós, e que, habitando numa luz inacessível (cf. 1Tm 6,16), está em si mesmo acima de todo nome, de todas as coisas e de toda inteligência criada.

Il testamento. In: C. Siccardi,
Paolo VI, il papa della luce, p. 326.

Nós cremos, pois, no Pai que gera eternamente o Filho; no Filho, Verbo de Deus, que é eternamente gerado; no Espírito Santo, pessoa incriada que procede do Pai e do Filho como eterno Amor. Desse modo, nas três Pessoas divinas, coeternas e coiguais, superabundam e se consumam, na sobre-excelência e na glória própria do Ser incriado, a vida e a beatitude de Deus, perfeitamente uno; e sempre deve ser venerada a unidade na Trindade e a Trindade na unidade.

Il testamento. In: C. Siccardi,
Paolo VI, il papa della luce, pp. 326-327.

Nós cremos em Nosso Senhor Jesus Cristo, Filho de Deus. [...] Ele habitou no meio de nós, cheio de graça e de verdade. Ele anunciou e instaurou o Reino de Deus, e em si nos fez conhecer o Pai. Ele nos deu um mandamento novo, amar-nos uns aos outros como ele nos amou. E nos ensinou o caminho das bem-aventuranças do Evangelho: pobreza de espírito, mansidão, dor suportada com paciência, sede de justiça, misericórdia, pureza de coração, vontade de paz, perseguição sofrida pela justiça. Ele padeceu sob Pôncio Pilatos, Cordeiro de Deus que carrega sobre si mesmo os pecados do mundo, e morreu por nós na cruz, salvando-nos com o seu sangue redentor. Ele foi sepultado e, pelo seu próprio poder, ressuscitou ao terceiro dia, elevando-nos, com a sua ressurreição, à participação da vida divina, que é a vida da graça.

Il testamento. In: C. Siccardi,
Paolo VI, il papa della luce, p. 327.

Nós cremos no Espírito Santo, que é Senhor e dá a vida; que é adorado e glorificado com o Pai e o Filho. Ele que nos falou pelos profetas, que nos foi enviado por Cristo após sua ressurreição e sua ascensão ao Pai; ele ilumina, vivifica, protege e guia a Igreja, lhe purifica os membros, para que não se subtraiam à sua graça. A sua ação, que penetra no íntimo da alma, torna o homem capaz de responder ao convite de Jesus: "Sede perfeitos como vosso Pai celeste é perfeito" (cf. Mt 5,48).

Il testamento. In: C. Siccardi,
Paolo VI, il papa della luce, pp. 327-328.

Nós cremos na comunhão entre todos os fiéis de Cristo, daqueles que são peregrinos nesta terra, dos falecidos que realizam a própria purificação e dos bem-aventurados do céu, os quais, todos juntos, formam uma só Igreja; nós cremos que nessa comunhão o amor misericordioso de Deus e dos seus santos ouve constantemente as nossas orações, segundo a palavra de Jesus: "Pedi e recebereis" (cf. Lc 10,9-10; Jo 16,24). E, com fé e na esperança, nós aguardamos a ressurreição dos mortos e a vida do mundo que há de vir. "Seja bendito o Deus santo, santo, santo. Amém."

Il testamento. In: C. Siccardi, Paolo VI, il papa della luce, p. 333.

A Eucaristia nos coloca em comunhão com o próprio Cristo, nela presente; com ele, autor dos sacramentos e fonte de graça; podemos, portanto, dizer que a Eucaristia é base, centro, vértice da vida espiritual do fiel cristão. [...] A teologia descobre na Eucaristia, ou seja, na realidade à qual ela tende, no efeito que ela produz (além da santificação da alma que se comunica), "a unidade do corpo místico". [...] Dessa forma, a Eucaristia não é somente a figura, mas, sim, o princípio da caridade unitiva dos fiéis a Cristo e em Cristo entre eles.

Insegnamenti, vol. III (1965), pp. 1035-1037.

Rezemos para que a palavra pascal de Cristo seja de tal modo viva e operante em nossa alma, que a torne participante dos mistérios que tem em si mesma, não somente para que permaneça uma perene recordação, mas para que se torne em nós comunhão. Rezemos para que a alegria de sermos ouvintes daquela palavra divina, simples e misteriosa, não nos encontre distraídos e surdos, nem céticos ou renitentes, nem indolentes e indiferentes, mas prontos a acolhê-la, a vivê-la, a anunciá-la ao nosso redor como um segredo de renascimento e de imortalidade. E rezemos a fim de que, ouvida e acolhida aqui, nesta Igreja, centro de todas as Igrejas, aquela palavra a todas as Igrejas se irradie com fraterna e feliz sinceridade, e de todas as Igrejas em comunhão com esta para cá retorne com eco fiel e em coro, e diga a nós, diga ao mundo inteiro: Cristo está vivo no meio de nós.

Insegnamenti, vol. III (1965), pp. 223-224.

7

E A OBRA DA CRIAÇÃO ASSIM CONTINUA

Se é verdade que por vezes pode-se impor uma mística exagerada do trabalho, não é menos verdade que isso é desejado e abençoado por Deus. Criado a sua imagem, "o homem deve cooperar com o Criador na obra da criação, e por sua vez assinalar a terra com a marca espiritual que ele mesmo recebeu". Deus, que dotou o homem de inteligência, imaginação e sensibilidade, lhe concedeu os meios pelos quais realizar a sua obra: seja ele artista ou artesão, operário ou agricultor, todo trabalhador é um criador. Inclinado sobre uma matéria que lhe resiste, o operário lhe imprime a sua marca, desenvolvendo ao mesmo tempo a sua tenacidade, o seu engenho, o seu espírito inventivo. Diremos mais ainda: vivido em comunhão, partilhando esperanças, sofrimentos, ambições e alegrias, o trabalho une as vontades, reaproxima os espíritos e funde os corações: ao cumpri-lo, os homens se descobrem irmãos.

Populorum progressio, 27.

A concepção moderna [...] esclareceu: no trabalho o ser humano está em primeiro lugar. Quer seja artista ou artesão, empresário, operário ou agricultor, pedreiro ou intelectual, é o ser humano que trabalha, é para o ser humano que ele trabalha. Portanto, a prioridade do trabalho se finda nos trabalhadores, a supremacia das exigências técnicas e econômicas nas necessidades humanas. O trabalho nunca deve se sobrepor ao trabalhador, nunca deve se contrapor ao trabalhador, mas sim favorecer o trabalhador, estar a serviço do ser humano, de todo ser humano e do ser humano como um todo.

Insegnamenti, vol. VII (1969), pp. 369-370.

É o ser humano que deveis proteger, um ser humano arrastado por uma força formidável que ele coloca em prática e tragado pelo progresso gigantesco de seu trabalho, um ser humano movido pelo ímpeto irresistível das suas invenções e aturdido pelo contraste crescente entre o prodigioso aumento dos bens colocados à sua disposição e a partilha tão facilmente injusta entre os homens e entre os povos. O mito de Prometeu projeta a sua sombra inquietante sobre o drama de nosso tempo, no qual a consciência humana não consegue elevar-se ao nível da sua atividade e assumir as suas grandes responsabilidades, na fidelidade ao projeto do amor de Deus para o mundo. Teremos desprezado a lição da trágica história da torre de Babel, na qual a conquista da natureza pelo homem esquecido de Deus leva a uma desintegração da sociedade humana?

Insegnamenti, vol. VII (1969), p. 374.

Este mundo futuro são os jovens de hoje que o devem edificar, mas sois vós que os devem preparar. Muitos recebem uma formação insuficiente, não têm a possibilidade real de aprender um ofício e encontrar trabalho. [...] Quem não compreende, nos países ricos, a angústia deles diante da tecnocracia invasora, a recusa de uma sociedade que não consegue integrá-los, e, nos países pobres, o lamento deles de não poder, por falta de preparo e de meios convenientes, dar a sua generosa contribuição às tarefas a que se sentem estimulados? Na atual transformação do mundo, o protesto deles ressoa como um sinal de sofrimento e como um apelo à justiça. Em meio à crise que sacode a civilização moderna, a expectativa dos jovens é ansiosa e impaciente: saibamos abrir a eles a estrada do porvir, propor-lhes tarefas úteis e prepará-los. Há muito a fazer nesse campo.

Insegnamenti, vol. VII (1969), pp. 375-376.

O nosso ministério é o de exortar e tornar acessível e compreensível, ou melhor, comovente, o mundo do espírito, do invisível, do inefável, de Deus. E nessa operação, que converte o mundo invisível em fórmulas acessíveis, inteligíveis, vós sois mestres. É o vosso ofício, a vossa missão.

Homilia. Missa dos artistas, 17 de maio de 1964.
Disponível em: <http://www.santamelania.it/approf/2007/omeliaartisti.htm>.

O Senhor deu a todos os crentes a mesma obrigação [...] de "profetizar" ("Vossos filhos e filhas profetizarão", recorda São Pedro no discurso de Pentecostes, At 2,17), isto é, de anunciar o Evangelho, de testemunhar Jesus Cristo [...]. A Igreja é missionária.

Insegnamenti, vol. VI (1966), p. 879.

O Evangelho não deve ser considerado como mel espalhado sobre a vida. É bem diferente. Sim, há toda uma doçura e a capacidade de nos confortar: mas o Evangelho é fogo, o Evangelho é audácia, é a força de Deus. E então: se chega a nós por meio das palavras que escutamos e lemos, é natural que isso mexa conosco e quase abale os costumes e os comportamentos irreflexos da nossa mentalidade habitual. O Evangelho nos diz coisas que parecem irreais: bem-aventurados os pobres, bem-aventurados os que choram, os perseguidos; aqueles que renunciam à vingança, ao uso da força... Eis como o Evangelho libera nosso coração dos acúmulos pseudofundamentais das nossas esperanças terrenas. [...] Para corrigir todas as disfunções e misérias causadas pelo pecado original é necessário ser determinado e agir com o coração, estar convencido, atuar com firmeza e entusiasmo. Tudo isso – note-se bem – não significa que o Evangelho nos torne tristes ou tire a esperança de uma vida perfeita. Ao contrário: isso não apenas não apaga a felicidade como a proclama. [...] O Evangelho garante a felicidade. Mas com duas condições. A primeira é que ele mude a "natureza" da felicidade. [...] A segunda novidade introduzida por Jesus é a que modifica os "meios" para alcançar a felicidade. [...] E então? Ao lermos e meditarmos o discurso sobre as bem-aventuranças compreenderemos realmente porque ele é a norma de vida cristã; o princípio para demonstrar-nos autênticos, verdadeiramente fiéis, efetivos seguidores de Cristo.

Insegnamenti, vol. IV (1966), pp. 1003-1005.

8

REZANDO COMO FILHOS DO PAI

Deus, sois a nossa felicidade.
Deus, sois a nossa alegria.
Deus, sois a nossa bem-aventurança.
Deus, sois a plenitude da vida,
não apenas em vós mesmo, mas para nós.
Deus, revelaste-vos em amor,
sois proporcional
às nossas aspirações extremas.
Deus, tivestes piedade
de todas as nossas deficiências,
de todas as nossas maldades,
de todos os nossos pecados.
Deus, ofertaste-vos a nós
como misericórdia,
como graça,
como salvação,
como surpresa jubilosa e gloriosa.

M. C. Moro (ed.), *Preghiamo con Paolo VI*, p. 31.

Ó Cristo, nosso único mediador,
tu nos és necessário
para vivermos em comunhão com Deus Pai,
para tornar-nos contigo,
que és o Filho único e Senhor nosso,
seus filhos adotivos,
para sermos regenerados no Espírito Santo.
Tu nos és necessário,
ó único e verdadeiro Mestre
da verdade recôndita e indispensável da vida
para conhecermos o nosso ser
e o nosso destino,
o caminho para segui-lo.
Tu nos és necessário,
ó Redentor nosso,
para descobrirmos a nossa miséria moral
e para curá-la;
para termos o discernimento entre o bem e o mal,
e a esperança da santidade;
para deplorarmos os nossos pecados
e para obtermos o perdão.
Tu nos és necessário,
ó irmão primogênito do gênero humano,
para reencontrarmos as verdadeiras razões
da fraternidade entre os homens,
os fundamentos da justiça,
os tesouros da caridade,

e o sumo bem da paz.
Tu nos és necessário,
ó grande paciente das nossas dores,
para conhecermos o sentido do sofrimento
e para darmos a ele
um valor de expiação e de redenção.
Tu nos és necessário,
ó Cristo, ó Senhor, ó Deus Conosco,
para aprendermos o amor verdadeiro
e para caminharmos na alegria
e na força da tua caridade,
em nosso árduo caminho
rumo ao encontro final,
contigo, amado,
contigo, esperado,
contigo, bendito nos séculos.

M. C. Moro (ed.), *Preghiamo con Paolo VI*,
pp. 39-40.

Cristo, tu és o único Salvador,
nada se pode fazer sem ti.
Onde tu não estás há obscuridade:
tu és a luz do mundo.
Onde tu não estás
há confusão, ódio, pecado;
tu és a vida,
tu és o Mestre,

tu, o amigo,
tu o bom pastor.
Tu, o fundamento da paz.
Tu, a esperança do mundo.
Tu deves ser o nosso modelo,
tu, o nosso ideal,
tu, a nossa força.

M. C. Moro (ed.), *Preghiamo con Paolo VI*, p. 44.

Vem, ó Espírito Santo.
Tu és o vivificador,
o consolador,
o fogo da alma,
a viva fonte interior.
Tu és o amor,
no significado divino
desta palavra.
Nós temos absoluta necessidade de ti.
Tu és a vida da nossa vida.
Tu és o santificador
que recebemos
tantas vezes nos sacramentos.
Tu és o toque de Deus
que imprimiu em nossa alma
o caráter cristão.
Tu és a doçura e, ao mesmo tempo,
a fortaleza da verdadeira vida cristã.

Tu és o doce hóspede da nossa alma.
Tu és o amigo pelo qual queremos ter
atenção interior,
silêncio reverencial,
escuta dócil,
devoção afetuosa,
profundo amor.
Vem, ó Espírito Santo,
renova a face da terra!

M. C. Moro (ed.), *Preghiamo con Paolo VI,*
pp. 85-86.

Ó "bem-aventurada, que acreditaste!",
conforta-nos com o teu exemplo,
obtém-nos esse carisma.
E depois, ó Maria, pedimos ao teu exemplo
e à tua intercessão a esperança.
Esperança nossa, salve!
Também de esperança temos necessidade,
e quanta!
Ó Maria, tu és
imagem e início da Igreja;
resplandece agora diante do povo de Deus
como sinal de esperança certa
e de consolação,
ó Maria, mãe da Igreja.

M. C. Moro (ed.), *Preghiamo con Paolo VI,* p. 176.

Nós te agradecemos, Senhor,
que nos concedeste ver
que o relacionamento entre os cristãos
se intensificam e se aprofundam.
Mas dado que a busca
da reconciliação
entre os cristãos
é obra do Espírito Santo,
a ti pedimos, na oração
e na penitência,
o dom da união
sempre mais pura e mais íntima contigo.
Torna-nos mais atentos à tua palavra,
obedientes à tua vontade,
a fim de continuar a nossa obra
com confiança e dedicação,
com perseverança e coragem,
a fim de que nos concedas
podermos dar com eficácia
a nossa contribuição
à reconciliação
entre todos os cristãos
e à reconciliação
de todos os homens,
de modo que "toda língua confesse

que Jesus Cristo
é o Senhor, para a glória do Pai".

M. C. Moro (ed.). *Preghiamo con Paolo VI*,
pp. 102-103.

Os teus braços, ó Senhor,
acolhem o lenho da desonra;
e a grande paciência
está no consumar o supremo sacrifício.
Oh, gesto divino,
de insuperável resignação!
Oh, mansidão,
que desarma a tua onipotência
a fim de encontrar
na fraqueza voluntária de vítima
a adesão perfeita ao divino querer,
a oferta completa à justiça divina.
Ensina-me, Senhor,
a virtude da aceitação,
a força de uma sábia passividade,
o valor do total abandono
no cumprimento dos desígnios divinos,
mesmo quando são marcados
pela iniquidade humana
e pela desventura cega.

M. C. Moro (ed.), *Preghiamo con Paolo VI*,
p. 110.

Cristo Senhor,
tu és a confiante revelação de Deus,
a única ponte entre nós e o oceano de vida
que é a divindade, a Trindade santíssima,
pela qual fomos criados
e à qual estamos destinados.
A meditação sobre ti, ó Jesus,
o Menino de Belém,
o Operário de Nazaré,
o Mestre da Palestina,
o Crucificado do Calvário,
o Ressuscitado da Páscoa,
abre-se diante de nós
como um panorama ilimitado
de verdades vitais e estupendas.

M. C. Moro (ed.). *Preghiamo con Paolo VI*,
p. 59.

BIBLIOGRAFIA
DE E SOBRE PAULO VI

1. Encíclicas

Christi Matri (15 de novembro de 1966)
Ecclesiam suam (6 de agosto de 1964)
Humanae vitae (25 de julho de 1968)
Mense maio (29 de abril de 1965)
Mysterium fidei (3 de setembro de 1965)
Populorum progressio (26 de março de 1967)
Sacerdotalis caelibatus (24 de junho de 1967)

2. Constituições apostólicas

Barensis (11 de fevereiro de 1968)
Constans nobis (11 de julho de 1975)
Divinae consortium naturae (15 de agosto de 1971)
Indulgentiarum doctrina (1º de janeiro de 1967)
Laudis canticum (1º de novembro de 1970)
Maringaënsis (20 de janeiro de 1968)
*Miamiensis – S. Augustini – Mobiliensis –
Birminghamiensis S. Petri in Florida et Orlandensis*
(2 de março de 1968)
Mirificus eventus (7 de dezembro de 1965)

Missale romanum (3 de abril de 1969)
Paenitemini (17 de fevereiro de 1966)
Pontificalis romani (18 de junho de 1968)
Regimini Ecclesiae universae (15 de agosto de 1967)
Romano pontifici eligendo (1º de outubro de 1975)
Sacra rituum congregatio (8 de maio de 1969)
Sacram unctionem infirmorum
(30 de novembro de 1972)
Vicariae potestatis in Urbe (6 de janeiro de 1977)

3. Exortações apostólicas

Evangelica testificatio (29 de junho de 1971)
Evangelii nuntiandi (8 de dezembro de 1975)
Gaudete in Domino (9 de maio de 1975)
Marialis cultus (2 de fevereiro de 1974)
Nobis in animo (25 de março de 1974)
Paterna cum benevolentia (8 de dezembro de 1974)
Petrum et Paulum apostolos (22 de fevereiro de 1967)
Quinque iam anni (8 de dezembro de 1970)
Recurrens mensis october (7 de outubro de 1969)
Signum magnum (13 de maio de 1967)

4. Motu proprio

Ad futuram rei memoriam (19 de maio de 1964)
Ad hoc usque tempus (15 de abril de 1969)
Ad pascendum (15 de agosto de 1972)

Ad purpuratorum patrum collegium
(11 de fevereiro de 1965)

Africae terrarum (29 de outubro de 1967)

Apostolatus peragendi (10 de dezembro de 1976)

Apostolica sollicitudo (15 de setembro de 1965)

Apostolicae caritatis (19 de março de 1970)

Catholica Ecclesia (23 de outubro de 1976)

Catholicam Christi Ecclesiam (6 de janeiro de 1967)

Causas matrimoniales (28 de março de 1971)

Credo del popolo di Dio (30 de junho de 1968)

Cum matrimonialium causarum
(8 de setembro de 1973)

De episcoporum muneribus (15 de junho de 1966)

Ecclesiae sanctae (6 de agosto de 1966)

Episcopalis potestatis (2 de maio de 1967)

Finis Concilio Oecumenico Vaticano II
(3 de janeiro de 1966)

Firma in traditione (13 de junho de 1974)

Ingravescentem aetatem (20 de novembro de 1970)

Integrae servandae (7 de dezembro de 1965)

Inter eximia (11 de maio de 1978)

Iustitiam et pacem (10 de dezembro de 1976)

In fructibus multis (Carta apostólica "motu proprio"
pela qual foi instituída a Pontifícia Comissão para as
Comunicações Sociais [2 de abril de 1964])

Matrimonia mixta (31 de março de 1970)

Ministeria quaedam (15 de agosto de 1972)

Munus apostolicum (10 de junho de 1966)

Mysterii paschalis (14 de fevereiro de 1969)

Pastorale munus (30 de novembro de 1963)

Pastoralis migratorum cura (15 de agosto de 1969)

Pontificalia insignia (21 de junho de 1968)

Pontificalis Domus (28 de março de 1968)

Pro comperto sane (6 de agosto de 1967)

Quo aptius (27 de fevereiro de 1973)

Romanae dioecesis (30 de junho de 1968)

Sacram liturgiam (25 de janeiro de 1964)

Sacro cardinalium consilio (26 de fevereiro de 1965)

Sacrum diaconatus (18 de junho de 1967)

Sanctitas clarior (19 de março de 1969)

Sedula cura (27 de junho de 1971)

Sollicitudo omnium Ecclesiarum
(24 de junho de 1969)

Studia latinitatis (22 de fevereiro de 1964)

Summi Dei beneficio (3 de maio de 1966)

5. Cartas apostólicas

Africae terrarum (29 de outubro de 1967)

Ambulate in dilectione (7 de dezembro de 1965)

Amoris officio (Carta pontifícia para a instituição do Pontifício Conselho "*Cor Unum*", para a promoção humana e cristã (15 de julho de 1971)

Antiquae nobilitatis (14 de fevereiro de 1969)

Apostolorum limina (23 de maio de 1974)

Celebrazione del mistero pasquale (3 de fevereiro de 1969)

In Spiritu Sancto (8 de dezembro de 1965)

Investigabiles divitias Christi (6 de fevereiro de 1965)

La conscience de la mission (8 de setembro de 1975)

Lumen Ecclesiae (5 de dezembro de 1974)

Mirabilis in Ecclesia Deus (4 de outubro de 1970)

Multiformis sapientia Dei (27 de setembro de 1970)

Nomina del cardinale Ugo Poletti a vicário generale per la città di Roma e Distretto (6 de março de 1973)

Octogesima adveniens (14 de maio de 1971)

Pacis nuntius (24 de outubro de 1964)

Quae per caritatem (7 de maio de 1978)

Sabaudiae gemma (29 de janeiro de 1967)

Sacrificium laudis (15 de agosto de 1966)

Sancti Stephani Ortum (6 de agosto de 1970)

Summi Dei Verbum (4 de novembro de 1963)

Venerabili Dei famulae Mariae ab apostolis beatorum honores decernuntur (30 de outubro de 1968)

6. Bibliografia essencial citada

Insegnamenti di Paolo VI. Città del Vaticano: Tipografia Poliglotta Vaticana, 1963-1964.Vols. I-XII.

GAMBA, U. *Pensieri di Paolo VI, per ogni giorno dell'anno*. Padova: Carrocio, 1987.

SICCARDI, C. *Paolo VI, il papa della luce*. Milano: Paoline Editoriale Libri, 2008.

MORO. M. C. (ed.). *Preghiamo con Paolo VI*. Dialoghi e invocazioni a Dio. 2. ed. Milano: Paoline Editoriale Libri, 1998.

PAOLO VI. *Marialis cultus* (Exortação apostólica, 2 de fevereiro de 1974).

_____. *Populorum progressio* (Carta encíclica sobre o desenvolvimento dos povos, 26 de março de 1967).

_____. *Missale romanum* (Constituição apostólica, 3 de abril de 1969).